Joe Navarro

Die Körpersprache des Datings

mvg verlag

Bibliografische Information der Deutschen Nationalbibliothek
Die Deutsche Nationalbibliothek verzeichnet diese Publikation in der Deutschen Nationalbibliografie. Detaillierte bibliografische Daten sind im Internet über https://dnb.de abrufbar.

Für Fragen und Anregungen
info@m-vg.de

7. Auflage 2026

Türkenstraße 89
80799 München
Tel.: 089 651285-0

Übersetzung: Dr. Kimiko Leibnitz
Redaktion: Nicole Luzar
Umschlaggestaltung: Maria Wittek unter Verwendung von iStockphoto
Bilder Innenteil: S. 8, 32, 35 und 40: shutterstock, alle weiteren Bilder: © Joe Navarro.
Satz: Julia Wilbig, München
Druck: Florjancic Tisk d.o.o., Slowenien
Printed in the EU

ISBN Print 978-3-86882-332-5
ISBN E-Book (PDF) 978-3-86415-686-1
ISBN E-Book (EPUB, Mobi) 978-3-86415-687-8

Weitere Informationen zum Verlag finden Sie unter

www.mvg-verlag.de

Beachten Sie auch unsere weiteren Verlage unter www.m-vg.de

INHALT

EINLEITUNG

Ich befasse mich seit über 35 Jahren mit nonverbaler Kommunikation und habe schon mehrere Bücher zu diesem Thema geschrieben. Daher kann ich gut verstehen, dass es vielen Menschen auf Anhieb schwerfällt, die schier unzähligen Botschaften zu deuten, die wir tagtäglich mittels unserer Körpersprache aussenden.

Regelmäßig werde ich gefragt, ob es eine Handvoll Verhaltensweisen gibt, die man kennen sollte, wenn man ein Date hat, und um welche es sich hierbei handelt – also welche Verhaltensweisen am genauesten zum Ausdruck bringen, was jemand gerade fühlt, denkt oder sich wünscht. Das ist die Zielsetzung dieses kleinen Ratgebers: Er will Ihnen in knapper Form einige Anhaltspunkte für die meiner Meinung nach wichtigsten körpersprachlichen Hinweise liefern, die bei Verabredungen und harmonischen Paarbeziehungen von Bedeutung sind. Diese Verhaltensweisen sind sehr zuverlässig, werden aber oft übersehen oder falsch verstanden. Sie sind in der westlichen Welt universell gültig und nützlich, weil sie offenbaren, welche Gefühle wir für andere bzw. welche andere für uns haben. Die meisten Bücher über Körpersprache und zwischenmenschliche Beziehungen gehen auf diesen Aspekt allerdings nicht sehr ausführlich ein.

Bevor es losgeht, möchte ich Ihnen einen recht praktischen Grundsatz vorstellen, mit dem sich die Körpersprache einer Person leichter lesen lässt. Wenn Sie meinen Bestseller *Menschen lesen* kennen, werden Sie wissen, dass man bei der Deutung von Körpersprache auf zweierlei achten sollte: auf *Behagen* und *Unbehagen*.

Das limbische System ist der Teil des menschlichen Gehirns, der für Instinkte und Triebe zuständig ist. Mittels Körpersprache kommuniziert es sehr unmittelbar, wie man sich fühlt und welche Gefühle man anderen gegenüber hegt; also wie Herz und Verstand »ticken«. Das war schon bei unseren steinzeitlichen Vorfahren so, und daran hat sich bis heute nicht viel geändert; 80 Prozent dessen, was wir während eines Dates oder einer anderen Form von sozialer Interaktion mitteilen, drücken wir ganz ohne Worte aus.

Zum Glück ist unser »limbisches Gehirn« immer aktiv und bewertet unbewusst alles, was für uns eine Bedrohung darstellen oder Unbehagen verursachen könnte. Und es reagiert auch umgekehrt sofort auf jede empfangene Botschaft. Wenn uns jemand also einen bösen Blick zuwirft oder sich von uns abwendet, ist es das limbische System, das uns auf dieses Signal hin großes Unbehagen empfinden lässt. Doch auch wenn man uns liebevoll ansieht, reagiert unser limbisches Gehirn: Unsere Haut wird besser durchblutet, die Gesichtsmuskeln entspannen sich, und wir richten unseren Körper im wahrsten Sinne des Wortes nach der Quelle des Wohlbefindens aus.

Das limbische System spricht jedoch nicht nur auf äußere Reize an, es versucht auch mit allen Mitteln, uns in einen möglichst behaglichen Zustand zu versetzen. Wenn jemand also etwas sagt, das uns missfällt, versuchen wir den angenehmen Status quo wiederherzustellen, indem wir uns weglehnen oder die Distanz zu vergrößern suchen, beispielsweise durch das Aufstellen von Hindernissen (etwa in Form einer Geldbörse oder eines übergeschlagenen Beins).

Weil solche vom limbischen System gesteuerten Verhaltensweisen unbewusst ablaufen, drücken sie im Gegensatz zur gesprochenen Sprache unsere wahren Gefühle aus (deshalb wird unser limbisches Gehirn oft als das »ehrliche Gehirn« bezeichnet). Wenn jemand, den Sie nicht mögen, den Raum betritt, werden Sie sofort und ohne Ihr bewusstes Zutun auf diese Person reagieren. Das macht sich vielleicht im Gesicht bemerkbar (Ihre Augen verengen sich zu kleinen Schlitzen und Sie beobachten die betreffende Person argwöhnisch) oder sogar im ganzen Körper, indem Sie sich leicht wegdrehen oder den Blickkontakt vermeiden. In jedem Fall wird das, was Ihr Gehirn unmerklich in Sekundenbruchteilen verarbeitet, sich irgendwie auch in Ihrer Körpersprache äußern.

Kurzum: Im Leben fühlen wir uns zu Dingen oder Menschen hingezogen oder von ihnen abgestoßen, wir sind zufrieden oder unzufrieden, entspannt oder angespannt, selbstsicher oder unsicher. Im Säuglingsalter konnten wir unser Behagen oder Unbehagen nur auf nonverbalem Weg ausdrücken, und auch heute noch ist dies unsere wesentliche Kommunikationsform. Ihr Körper vermittelt der Umwelt wertvolle Informationen, weil er authentisch widerspiegelt, was Sie gerade denken oder fühlen. Das vorliegende Büchlein möchte Ihnen einen kurzen Überblick über die wichtigsten mimischen und gestischen Ausdrucksweisen verschaffen, damit Sie genauer verstehen, was Ihre Mitmenschen fühlen, denken, wünschen oder zu tun beabsichtigen.

DIE AUGEN

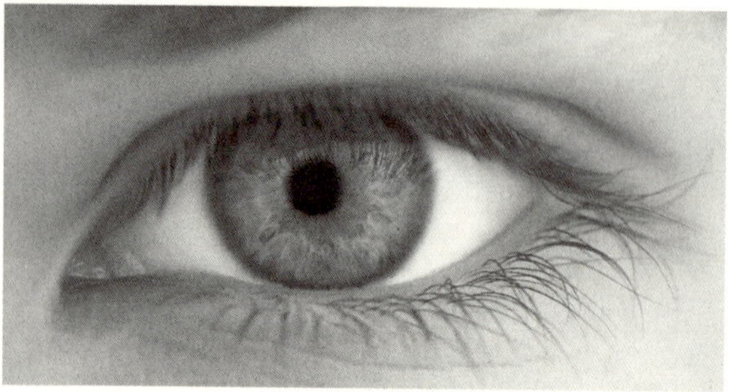

Unsere Augen verstehen es geradezu meisterlich, unsere Gefühle, Gedanken und Sehnsüchte zum Ausdruck zu bringen. Seit unserer Geburt vermitteln sie auf außerordentlich vielfältige Weise unsere wahren Gefühle und Gedanken. Sie kommunizieren positive Empfindungen wie Begeisterung, Freude und Ausgelassenheit, offenbaren aber auch negative Emotionen wie Angst, Abneigung, Trauer und Unbehagen. Es heißt, die Augen seien das Fenster zur Seele, und ich vermute, dass an dieser Aussage durchaus etwas Wahres ist.

Wenn es um Beziehungen und Partnerschaften geht, signalisieren die Augen Interesse, Leidenschaft oder Liebe. In der frühen Phase des Kennenlernens sehen sich die Liebenden anhaltend und intensiv an, weil sich aus den Augen so viel ablesen lässt. Bei einem Date sind wir wie hypnotisiert und erkunden die Augen unseres Gegenübers mit kindlicher Neugier nach möglichen Hinweisen und Anhaltspunkten, reagieren auf jede Regung, hoffen auf jedes noch so kleine Zeichen der Zuneigung. Weiten sich die Pupillen der entsprechenden Person, fühlen wir uns wohl und angenommen, und wenn sie sich verengen, merken wir instinktiv, dass sich etwas verändert hat, und sind sofort beunruhigt.

Solche Veränderungen spiegeln wider, was gerade im Gehirn abläuft, und oft erkennen wir, ohne darüber nachdenken zu müssen, dass etwas nicht stimmt. Sie haben bestimmt schon einmal jemanden beobachtet, der hoch konzentriert an der Lösung eines Problems arbeitet und dem man die geistige Anstrengung am fokussierten Blick ablesen konnte. Das ist das Schöne an den Augen: Sie zeigen ganz unverstellt, was das Gehirn empfindet oder verarbeitet, und zwar in Echtzeit.

Womit auch immer wir konfrontiert werden, unsere Augen reagieren der Situation entsprechend. Wenn unser Nachbar sagt, er habe versehentlich unser Auto angefahren, schließen wir die Augen oder reiben unsere Lider mit den Fingern. Die Botschaft ist in beiden Fällen gleich: »Ich will das nicht hören« – wir lächeln aber trotzdem, weil wir keinen Streit vom Zaun brechen wollen. Die Abwehrreaktion (gesenkte Lider, mit den Fingern bedeckte Augen) teilt blitzschnell unsere wahren Empfindungen mit, auch wenn wir nach außen hin ganz anders reagieren. Genauso verhält es sich, wenn der oder die Angebetete die Verabredung absagt und wir enttäuscht die Augen niederschlagen; denn genau mit dieser Emotion reagieren wir in diesem Augenblick: Niedergeschlagenheit. Das ist das Besondere an den Augen – sie verfügen über die schnellsten Muskeln im Körper und kommunizieren direkt und effizient, was wir denken oder fühlen, noch bevor wir bewusst darüber nachdenken.

Wenn eine Beziehung abgekühlt ist und langsam in die Brüche geht, verändern sich auch Blickkontakt und Sehverhalten – an den Augen lässt sich schon weit im Voraus erkennen, dass die Dinge nicht zum Besten stehen. Offensichtliche Zeichen sind das Vermeiden von Blickkontakt, Augenrollen, Zucken usw., die allesamt darauf hinweisen, dass etwas nicht stimmt. Es gibt aber noch andere Signale, die man vielleicht auf Anhieb nicht erkennt: das leichte Zusammenkneifen der Augen bei der Erwähnung eines bestimmten Themas, der starre Blick der Verzweiflung oder Sorge, die Vermeidung von Blickkontakt, das verächtliche oder gleichgültige Starren, der Ausdruck bei widerstreitenden Gefühlen und Gedanken. All diese inneren Zustände werden über die Augen vermittelt und sind in jedem Fall authentisch – unabhängig davon, was die Person behauptet. Wie oft haben wir selbst schon mit unserer Körpersprache eine völlig unverstellte, ehrliche Reaktion gezeigt und dann verbal etwas völlig anderes gesagt, nur um den sozialen Frieden zu wahren?

Das Vermeiden von Blickkontakt und andere Ausdrucksweisen der Augen können in einer Beziehung sehr nützlich sein, um zu erkennen, ob ein Problem vorliegt, damit es sofort besprochen werden kann. Wenn wir uns Sorgen machen, frustriert sind oder mit uns selbst hadern, können sich unsere Augenlider auch langsam schließen und geschlossen bleiben, oder sie beginnen zu flattern. Hugh Grant zeigt in seinen Filmen dieses Augenflattern oft, wenn er gerade in ein Fettnäpfchen getreten ist.

Im Hinblick auf die Augen und ihre Ausdrucksweisen gibt es jedoch auch einige Fehlannahmen. Wenig oder kein Blickkontakt wird oft als Zeichen für eine täuschende Absicht gedeutet, vor allem in Interview- oder Verhörsituationen, während eine ehrliche Person uns angeblich mit »festem Blick« ansieht. Diese Behauptung wird weder in der Theorie noch in der Praxis bestätigt und gilt mittlerweile als widerlegt. Alder Vrij und andere Psychologen haben vielmehr festgestellt, dass Lügner *häufiger* Blickkontakt suchen, weil sie wissen, dass wir nach Zeichen für eine Täuschung suchen. Manchmal sehen wir beispielsweise weg, weil wir Informationen oder Gefühle mit geschlossenen Augen besser verarbeiten können, und nicht, weil wir mit einer Äußerung nicht übereinstimmen oder uns gerade eine Lüge ausdenken. Haben Sie also Nachsicht mit Ihrem Partner, wenn er wegsieht, vermutlich denkt er lediglich nach oder lässt sich die eben gehörten Informationen durch den Kopf gehen; das ist nicht unbedingt ein Zeichen dafür, dass er innerlich »auf Durchzug« schaltet oder etwas im Schilde führt. Ich habe sogar selbst die Beobachtung gemacht, dass wir uns gerade dort, wo wir uns am wohlsten fühlen, bevorzugt den Luxus gönnen, auch einmal zur Seite zu blicken, um beispielsweise einem Gedanken nachzuhängen oder uns in Ruhe an etwas zu erinnern.

Ich schaue mir die Augen meines Gegenübers vor allem an, um festzustellen, ob er entspannt ist und sich behaglich fühlt, bzw. um herauszufinden, ob die betreffende Person durch ein Thema oder Ereignis plötzlich in Unruhe gerät. Sobald ein Problem auftritt, verengen sich bei vielen Menschen die Augen regelrecht zu Schlitzen; ich bezeichne dieses Phänomen als »Clint-Eastwood-Effekt« (so blickte er in den Italowestern, kurz bevor er zum Revolver griff). Diese Mimik signalisiert sehr zuverlässig Unbehagen, Stress, Wut oder eine andere Form von Problem.

Vor nicht allzu langer Zeit beobachtete ich in einem Restaurant am Nachbartisch drei Paare, die sich unterhielten. Plötzlich ergriff einer der Männer, der zuvor geschwiegen hatte, sehr umfangreich das Wort. Gerade als er zu schwadronieren begann, schloss das

Paar, das mir gegenübersaß, gleichzeitig die Augen. Ihm fiel das nicht auf, aber ich konnte sehen, dass sowohl dem Mann als auch der Frau seine Äußerungen nicht gefielen und sie mit simultaner Blickvermeidung darauf reagierten. Was mich zu folgendem Punkt führt: In guten Beziehungen herrscht hinsichtlich des Augenverhaltens große Harmonie. Beide Partner fühlen sich in der Anwesenheit des jeweils anderen wohl, ihre Gespräche verlaufen entspannt, und dieses Behagen spiegelt sich insofern in den Augen wider, als sich ihre Reaktionen einander angleichen. Wenn aber ein Partner etwas oder jemanden mit leuchtenden Augen ansieht, während der andere wegschaut oder mit den Augen rollt, dann zeigt diese Diskrepanz, dass ein Problem vorliegt, das vielleicht auf eine andere, tiefere Ursache zurückzuführen ist.

Eine gute Beziehung erkennt man normalerweise daran, dass zwischen den Partnern kein negatives Augenverhalten vorliegt. Kritische oder potenziell unangenehme Bemerkungen, beispielsweise dass etwas dringend erledigt werden muss, führen beim Zuhörer weder zu einem Verengen noch Schließen der Augen. In gestörten Beziehungen indes zeigt sich dieses negative Augenverhalten oft, weil – wie wir inzwischen wissen – die Augen unmittelbar das widerspiegeln, was in Herz und Hirn vorgeht.

Paaren und Einzelpersonen, denen ich beratend zur Seite stehe, empfehle ich beim Erkennen solcher ablehnenden Verhaltensweisen in der Regel, den Gesprächspartner zu einem Gegenvorschlag aufzufordern, eventuelle Probleme zu identifizieren oder lediglich die Unterhaltung fortzuführen und zu vertiefen. Schließlich sind die ehrlichen limbischen Gefühlsäußerungen genauso wichtig oder vielleicht sogar noch wichtiger als das, was gesagt wird. Es ist immer besser, den Dingen gleich auf den Grund zu gehen, als Spannungen zu ignorieren und die Beziehung dadurch nachhaltig zu schädigen.

Ganz gleich, wer Sie sind, wie alt Sie sind oder in welcher Phase Ihrer Beziehung Sie sich gerade befinden, es ist nie zu spät, die Aufmerksamkeit auf die Augen zu richten – die Fenster zur Seele und zum Herzen.

NASEKRÄUSELN

Ganz gleich, wie Ihre Nase aussieht oder geformt ist, für die zwischenmenschliche Kommunikation spielt sie eine wichtige Rolle. Vielleicht haben Sie bisher gedacht, Ihre Nase sei nur zum Atmen und Riechen da, aber sie ist auch ein hilfreiches Kommunikationsmittel, das Gefühle zuverlässig zu vermitteln vermag. Deshalb musste ich sie einfach in diese Liste aufnehmen.

Eine Mimik, die auf Abneigung, Abscheu oder Ablehnung hinweist, ist in der Regel ehrlich und spiegelt unsere wahren Gefühle wider, ganz gleich, wie flüchtig sie sein mag. Ein gutes Beispiel hierfür ist das Nasekräuseln oder -rümpfen. Wenn man an saurer Milch oder verdorbenem Essen riecht, zieht man automatisch die Nase vor Abscheu zusammen. Schon im Säuglingsalter reagieren wir so, wir schließen den Mund und kräuseln die Nase, wenn wir etwas Unangenehmes riechen. Es handelt sich dabei also um ein universelles und sehr ursprüngliches Verhalten, das unvermittelt erfolgt und unsere wahren Gefühle zum Ausdruck bringt.

Auch als Erwachsene zeigen wir diese Mimik; unser Gehirn teilt anderen dadurch auf sehr urtümliche Weise mit, dass wir etwas als abstoßend oder unangenehm empfinden. Wir verwenden dieses Verhalten aber auch, um auszudrücken, dass wir eine verbale Äußerung nicht mögen bzw. eine Meinung nicht teilen.

Ist Ihnen schon einmal aufgefallen, dass Ihre Zuhörer die Nase kräuseln, wenn Sie eine Geschichte erzählen, die mit vielen brutalen Details gespickt ist? Sie riechen nichts Verdorbenes, und doch läuft dieses Verhalten automatisch ab. Das liegt daran, dass es schon lange in uns steckt. Allein der Ausruf »Pfui!« veranlasst uns schon dazu, die Nase zu rümpfen, ebenso der Gedanke, einen glitschigen toten Fisch anzufassen.

Bei Dates sieht man dieses Verhalten oft flüchtig, wenn ein unangenehmes Thema aufkommt oder Ihr Gegenüber nicht mit Ihren Äußerungen übereinstimmt. Um keinen Streit zu provozieren, stimmt Ihr Gegenüber vielleicht sogar zu, aber ein eventuelles Nasekräuseln zeigt, was er oder sie wirklich von dem hält, was Sie gesagt oder getan haben oder zu tun beabsichtigen. Dieselbe Reaktion zeigt sich auch, wenn man jemanden sieht, den man nicht mag, oder wenn die Beziehung zu dieser Person bereits gestört ist.

Ich stieß neulich beim Fernsehen auf die Sendung *The Real Housewives of New Jersey*. Eine der Hauptfiguren wurde gefragt, was sie von einer anderen Frau hielt. Bevor sie antwortete, zog sich ihre Nase für den Bruchteil einer Sekunde zusammen. Dann sagte sie etwas Unverbindliches wie »Ach, sie ist ganz nett«. Als sie später allein vor die Kamera trat, gab sie ihre wahren Gefühle preis (wodurch sich das Nasekräuseln bestätigte) und gestand, dass sie die Frau in Wirklichkeit nicht leiden konnte.

Halten Sie also Ausschau nach dem Nasekräuseln, das ein sehr zuverlässiges Indiz für wahre Gefühle ist und in Echtzeit ausdrückt, wie jemand zu einem Thema oder einer Person steht. Während manche Zeitgenossen beide Nasenflügel hochziehen, heben andere nur eine Seite, dabei richtet sich bisweilen auch der jeweilige Mundwinkel auf. Wie die meisten mimischen Ausdrucksweisen läuft das Nasekräuseln blitzschnell ab. Seien Sie also wachsam.

Dieses Verhalten ist sehr aussagekräftig. Sowohl Männer als auch Frauen greifen darauf zurück, es ist universell, und indem wir auf dieses Zeichen achten, haben wir einen besseren Anhaltspunkt dafür, was andere Leute denken, fühlen oder zu vermeiden versuchen.

LIPPENSCHÜRZEN

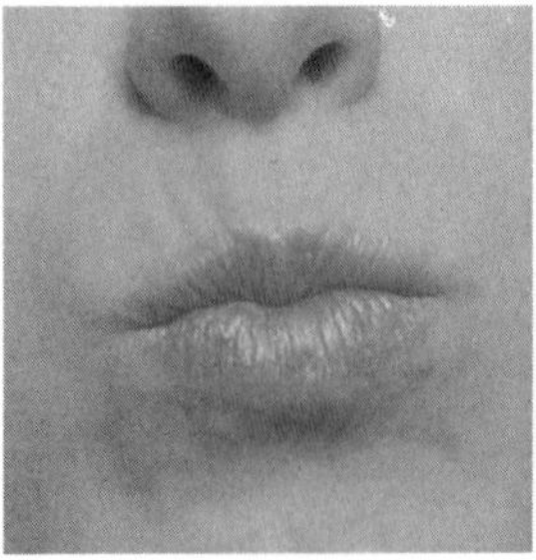

Wie die nächsten beiden Verhaltensweisen zeigen, reden unsere Lippen selbst dann, wenn wir schweigen, und teilen dadurch unsere wahren Gefühle mit.

Wie das Nasekräuseln gibt auch das Lippenschürzen sehr zuverlässig Auskunft über unsere emotionale Verfassung. Und obwohl es optisch einem Kuss ähnelt, hat es rein gar nichts damit zu tun.

Wenn wir etwas Verdorbenes riechen, reagiert unser limbisches Gehirn sofort und bringt uns dazu, unseren Mund zu schließen. Dadurch schürzen sich die Lippen auf ähnliche Weise wie bei einem Kuss, drücken hierbei aber unsere Abneigung gegen diesen Geruch aus. Dieses Verhalten signalisiert sogar noch den Mitmenschen in unserer weiteren Umgebung, dass etwas nicht stimmt und möglicherweise Gefahr im Verzug ist. Wir zeigen dieses Verhalten übrigens auch dann, wenn wir etwas sehen oder hören, das uns nicht gefällt, das wir ablehnen oder das uns auf andere Weise abstößt.

Hier ein Beispiel: Vor Jahren half ich einem jungen Paar beim Kauf ihres ersten Hauses. Während die verschiedenen Kosten Absatz für Absatz und Punkt für Punkt durchgegangen wurden, bemerkte ich, dass die Frau (die ein sehr begrenztes Budget zur Verfügung hatte) mit einigen Dingen nicht einverstanden war. Sie drückte ihren Unmut nicht mit Worten aus, sondern durch ein Schürzen ihrer Lippen, das immer dann auftrat, wenn ein Punkt genannt wurde, den sie für unnötig oder überteuert hielt. Das Lippenschürzen ist also sehr authentisch; die Frau zeigte sofort und ohne ein Wort zu sagen, womit sie nicht einverstanden war; wenn sie keine Einwände hatte, waren ihre Lippen entspannt. Als es an der Zeit war, über die fraglichen Punkte zu reden, war ich von ihrer Missbilligung keineswegs überrascht – diese hatte sie mit ihrer Mimik schon längst kundgetan.

Auch in Beziehungen kann man dieses Verhalten nutzen, um zu beurteilen, wie der Partner zu einem bestimmten Thema steht. Ein guter Bekannter von mir unternimmt gerne Kreuzfahrten. Und in diesem Zusammenhang hat er schon vor langer Zeit gelernt, die nonverbalen Äußerungen seiner Frau zu deuten. Ich konnte selbst schon miterleben, wie er eine Liste von möglichen Urlaubszielen durchgeht und dabei beobachtet, wie seine Frau auf bestimmte Ortsnamen reagiert. Wenn ihr der gerade genannte Ort nicht zusagt, schürzt sie in genau diesem Augenblick ihre Lippen. Allein diese Information genügt, und schon streicht er das Reiseziel von der Liste und schlägt einen anderen Ort vor.

Das Lippenschürzen heißt letztlich »mag ich nicht« oder »ich denke an etwas anderes«. Es kann daher als eine Art Versuchsballon genutzt werden, um herauszufinden, ob etwas funktioniert, bzw. um auszuprobieren, was auf Anklang stößt und was nicht. Sie könnten also zum Beispiel Ihre Begleitung fragen: »Hast du Lust, in den Park zu gehen?« Wenn er oder sie dabei die Lippen schürzt, könnten Sie nachhaken: »Oder möchtest du lieber etwas anderes machen?« Daraufhin reagiert Ihr Gegenüber vielleicht mit dem Vorschlag, ins Kino zu gehen. Lippenschürzen ist ein sehr nützliches Verhalten, weil es nicht nur Abneigung zum Ausdruck bringt, sondern auch alternative Handlungsmöglichkeiten eröffnet.

Lippenschürzen ist eine Art Abkürzung, um herauszufinden, was jemand wirklich denkt oder fühlt. Warum sollte man die Zeit seines Ehepartners oder seiner Verabredung mit einem Thema verschwenden, wenn man in Sekundenbruchteilen an seinen bzw. ihren geschürzten Lippen ablesen kann, dass das, was man gerade sagt oder vorschlägt, ohnehin auf wenig Gegenliebe stößt? Auf diese Weise kann man Streitpunkte schon im Vorfeld geschickt umschiffen und zügig das Thema wechseln.

Es handelt sich also um ein sehr hilfreiches nonverbales Verhalten, das Ihnen eine Menge Zeit erspart, weil Sie brisante Themen erkennen, vermeiden und sich auf die Dinge konzentrieren können, die für den anderen eher von Interesse sind bzw. positive Gefühle auslösen. Außerdem liefert es einen sehr zuverlässigen Anhaltspunkt dafür, wie jemand einer anderen Person gegenüber eingestellt ist – und zwar von dem Augenblick an, in dem diese den Raum betritt. Achten Sie also auf das Lippenschürzen, um zu erfahren, wie Ihre Mitmenschen wirklich denken und fühlen.

ZUSAMMENGEPRESSTE ODER »UNSICHTBARE« LIPPEN

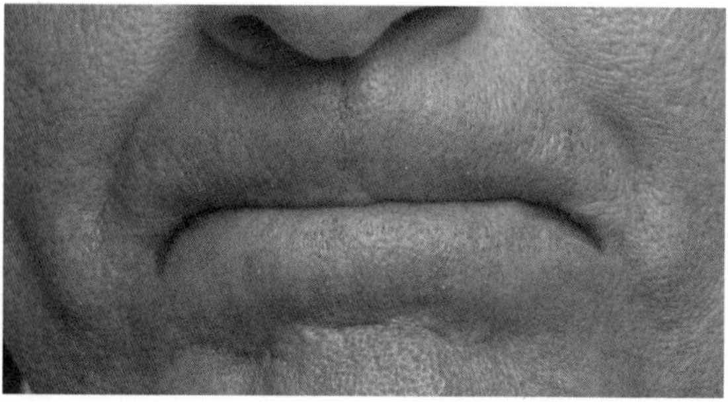

Ich wiederhole es noch einmal: Unsere Lippen kommunizieren auch dann, wenn wir gar nichts sagen. Insbesondere beim Ausdrücken von negativen Gefühlen oder Stress stehen unsere Lippen unseren Augen in nichts nach. Falls Sie schon einmal beobachtet haben, wie jemand vor Gericht aussagt, vor allem wenn die betreffende Person unter Anklage steht, werden Sie bemerkt haben, dass ihre Lippen praktisch unsichtbar sind. Dieses Verhalten sieht man auch häufig an Flughäfen, und zwar immer dann, wenn ein Flug abgesagt wird.

Solange wir zufrieden sind und alles in Ordnung ist, sind unsere Lippen voll, weich und gut durchblutet. Sobald diese Zufriedenheit schwindet, weil man etwas Unangenehmes oder Beunruhigendes gesehen, gehört oder gedacht hat, lässt sich das sofort an den Lippen ablesen. Sie reagieren auf unsere negativen Gedanken oder Gefühle, indem sie schmaler werden oder vollständig verschwinden – ein untrügliches Zeichen dafür, dass ein Problem vorliegt. Es handelt sich also auch hierbei um ein sehr authentisches und universelles Verhalten.

Zusammengepresste oder verschwindende Lippen sieht man beim Studenten, der die Antwort auf eine Prüfungsfrage nicht kennt, ebenso wie beim Ehemann, dem es schwerfällt, mit seiner Frau zu reden. Alles, was Stress verursacht oder verletzend ist – entweder von außen (ein Zug, der sich verspätet) oder von innen (der Gedanke an ein unangenehmes Gespräch) –, kann umgehend dazu führen, dass sich die Lippen zusammenpressen oder ganz verschwinden. Diese Mimik lässt sich somit sehr leicht deuten, ganz gleich, wo man ist und mit wem man es zu tun hat – sie gilt für Kinder und Erwachsene gleichermaßen. Diese Mimik kann uns also viel darüber verraten, was in einer Person gerade vorgeht.

Auch unsere Gefühle anderen gegenüber spiegeln sich in unseren Lippen wider. Das zeigt sich unter anderem beim Küssen. Wenn unsere Lippen anschmiegsam und warm sind, sagt das viel über die

Einstellung aus, die wir unserem Partner gegenüber haben. Sobald unsere Gefühle schwinden, macht sich das in unserer Körpersprache bemerkbar: Berührungen und Küsse werden distanzierter, sie kühlen im wahrsten Sinne des Wortes ab (aufgrund schlecht durchbluteter Lippen) und die Lippen werden schmaler – ein visuelles Indiz, das gut erkennbar ist. Ganz gleich, was die Person auch beteuern mag, der Körper spricht eine eindeutigere Sprache.

Zusammengepresste oder verschwindende Lippen sind ein klares Zeichen dafür, dass eine Person besorgt oder beunruhigt ist und etwas nicht stimmt. In einer Paarbeziehung ist das eine überaus wertvolle Information. Man kann sofort beurteilen, ob etwas, das die/der Partner/in gehört oder beobachtet hat, eventuell als problematisch wahrgenommen wird. Denn dieses Verhalten bedeutet praktisch nie etwas Positives. Wenn man sieht, dass die Lippen des Partners etwa bei dem Vorschlag verschwinden, Freunde zum Abendessen zu besuchen, ist das ein klarer Hinweis darauf, dass eine alternative Aktivität bevorzugt wird. Mit dieser Information können Paare besser auf die Bedürfnisse und Gefühle des jeweils anderen eingehen und entsprechend darauf reagieren, also zum Beispiel mögliche Alternativen vorschlagen oder Probleme erörtern.

ABFÄLLIGES GRINSEN ODER VERÄCHTLICHER BLICK

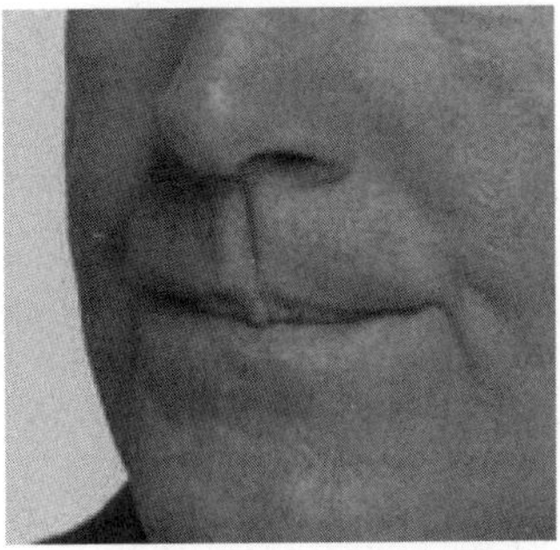

Ein wichtiges mimisches Verhalten, das oft übersehen wird, ist das abfällige Grinsen. Sowohl ich als auch andere Fachleute, die diesem Phänomen nachgegangen sind, vertreten die Auffassung, dass ein abfälliges Grinsen oder ein verächtlicher Blick Ihres Partners ein untrügliches Zeichen dafür ist, dass die Beziehung in ernster Gefahr ist und möglicherweise bald in die Brüche geht.

Das abfällige Grinsen und der verächtliche Blick begegnen uns vor allem im Berufsleben und sind oft gegen Vorgesetzte und Kollegen gerichtet, von denen wir nichts halten oder die hinter den an sie gerichteten Erwartungen zurückbleiben. Verachtung verleiht ein Gefühl der Macht, und das gilt vor allem für Personen, die sich unterlegen fühlen, beispielsweise Angestellte gegenüber ihren Vorgesetzten oder ein Volk, das von Eroberern unterjocht wird. Wenn es jedoch um zwischenmenschliche

Beziehungen geht, ist ein verächtlicher Blick ein deutliches Warnsignal, das auf latente Konflikte hinweist.

Das abfällige Grinsen oder der verächtliche Blick zeigen, wie wir uns wirklich fühlen, und sollten daher ernst genommen werden. Dieses Verhalten ist so zuverlässig, dass der Psychologe John Gottman und seine Kollegen in Paarstudien feststellten, dass eine Beziehung zum Scheitern verurteilt war und voraussichtlich mit einer Scheidung endete, wenn ein Mann sich seiner Frau gegenüber verächtlich zeigte (was sich in abfälligem Grinsen und hämischen Bemerkungen äußerte). Er fand auch heraus, dass eine Beziehung länger hielt, wenn sich das Paar freundlich, respektvoll und mit Zuneigung behandelte und oft gemeinsam lachte.

Ein verächtlicher Blick kann entweder sehr klein und unauffällig sein oder sogar auf große Entfernung sichtbar. Normalerweise spannen sich die Lippen an (je nach Gefühlslage und individueller Ausprägung können sich ein oder beide Mundwinkel heben), wodurch sie sich leicht aufwärtsneigen und sich auf den Wangen Grübchen bilden. Dies ist ein universelles Verhalten, das wahre Gefühle zum Ausdruck bringt – wenn auch leider nicht unbedingt die, die wir erwarten oder uns erhoffen.

Halten Sie also nach dem verächtlichen Blick Ausschau und seien Sie sich darüber im Klaren, dass es sich dabei keineswegs um eine zufällige mimische Regung handelt, sondern um den Ausdruck tiefer liegender (negativer) Emotionen, die sich auf Ihre Beziehung unmittelbar oder künftig auswirken werden.

BERÜHREN DES HALSES

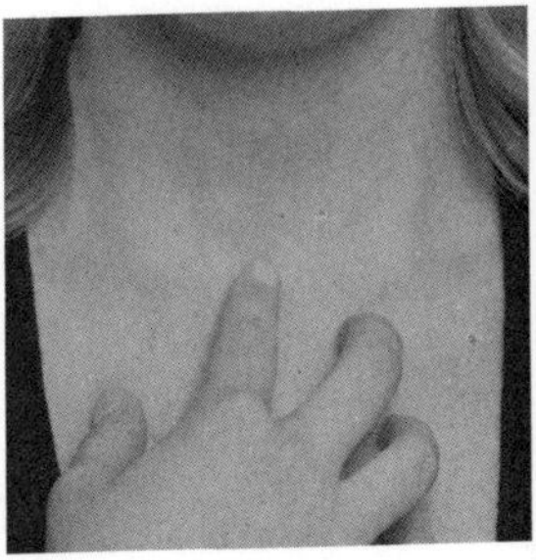

Die meisten von uns machen sich nicht allzu viele Gedanken über den Hals und betrachten ihn lediglich als Basis des Kopfes, die in erster Linie dazu dient, Schmuck zu tragen oder geküsst zu werden; er gilt also nicht unbedingt als eine Körperstelle, aus der sich viel herauslesen lässt. Und trotzdem ist der Hals, anatomisch betrachtet, einer der empfindlichsten und wichtigsten Bereiche unseres Körpers (weil durch ihn Sauerstoff, Blut, Nervenimpulse und Nahrung fließen), der uns überdies mit vielen Informationen darüber versorgt, was in einer Person gerade vorgeht.

Wenn wir uns in der Anwesenheit unserer Mitmenschen wohlfühlen, zeigen wir ihnen unseren Hals. Wir neigen den Kopf zur Seite und offenbaren dadurch den empfindlichsten Teil unseres Körpers. Ob in Anwesenheit des bzw. der Liebsten, bei angenehmer Musik, der Erzählung eines geschätzten Freundes oder einem spannenden Vortrag – seit unserer Geburt recken wir unseren Hals den Dingen oder Menschen entgegen, die wir mögen. Wenn wir uns jedoch unwohl fühlen, uns ein Gesprächsthema nicht gefällt oder wir jemanden nicht leiden können, wird unser Hals sofort starr, und wir stellen dieses Verhalten augenblicklich ein.

Meist fallen uns Ausdrucksweisen des Hals- und Nackenbereichs auf, wenn ein Problem vorliegt. Ihnen ist vielleicht die Bedeutung des Berührens des Halses vorher nicht aufgefallen, aber wir zeigen diese Geste normalerweise nur bei Stress, Unsicherheit, Angst oder mangelnder Zuversicht. Es gibt einige Verhaltensweisen, die den Hals betreffen und die sehr aussagekräftig sind, beispielsweise das Lockern des Hemdkragens, um sich Luft zu verschaffen, oder das Massieren des Halses, das ein deutliches Zeichen für Stress oder Besorgnis ist. Schon ein leichtes Berühren des Halses mit den Fingern zeigt, dass uns etwas stört. Dies ist also eine durchaus wichtige Information, die der aufmerksame Beobachter gut nutzen kann, um herauszufinden, ob ein Problem vorliegt oder sogar Unsicherheit.

Mir ist diese Geste erstmals vor über 30 Jahren als Streifenpolizist aufgefallen, als ich Strafzettel verteilte. Die Temposünder nestelten oft an ihrem Hemdkragen herum, zupften am fleischigen Bereich unter dem Kinn oder fuhren sich seitlich am Hals entlang. Später beim FBI sah ich dieses Verhalten auch regelmäßig, wenn Verdächtige einem Verhör unterzogen wurden. Wenn jemand als Reaktion auf eine Frage den Hals berührte, wusste ich, dass etwas nicht stimmte. Ich erkannte, dass die Person nervös oder besorgt war.

Während Männer ihren Hals tendenziell fester anfassen, neigen Frauen zu flüchtigeren und sanfteren Berührungen. Sie konzentrieren sich dabei mehr auf den Bereich, der Drosselgrube oder *Fossa jugularis* genannt wird (direkt unter dem Adamsapfel). Das Berühren dieser Stelle ist ein klares Indiz für Unsicherheit, Nervosität, mangelnde Zuversicht, Unbehagen oder Stress. Männer neigen dazu, diesen Bereich möglichst unauffällig zu berühren, indem sie mit ihrem Hemdkragen oder Krawattenknoten spielen, um ihr Unbehagen zu kaschieren. Ob es sich um eine leichte Berührung handelt, einen kräftigen Griff zum Hals oder das zaghafte Antippen der Drosselgrube mit dem Zeigefinger, all das bedeutet dasselbe: Stress, Unsicherheit, Angst oder eine andere Form von Unbehagen.

Neulich fragte ich meine Frau, ob einige Lehrmaterialien, die für einen Klienten bestimmt waren, versandt worden seien. Sie bejahte, berührte dabei aber ihren Hals. Weil mir ihre Besorgnis auffiel, hakte ich nach. Sie berichtete, dass das Paket zwar rechtzeitig aufgegeben worden war, sie sich aber nicht sicher sei, ob es auch pünktlich bei meinem Klienten angekommen war. Mit einem Anruf war die Sache zwar schnell geklärt, aber diese Anekdote veranschaulicht sehr gut, wie körpersprachliche Hinweise genutzt werden können, um seinen Partner besser zu verstehen und so möglichen Problemen rechtzeitig auf den Grund zu gehen, bevor sie zu Konflikten führen können. Wir berühren oder massieren nicht nur unseren Hals, wenn ein Problem vorliegt; es gibt auch andere aufschlussreiche Verhaltensweisen, die unser Unbehagen oder unsere Unsicherheit zum Ausdruck bringen. Männer lockern ihren Hemdkragen, um sich bei Anspannung Luft zu verschaffen, oder nesteln an den Kragenspitzen. Frauen fächeln sich Luft zu, indem sie von unten nach oben über den Nacken fahren und ihr Haar anheben. Beides bedeutet dasselbe. Natürlich sieht man dieses Verhalten oft auch einfach so, zum Beispiel an heißen Tagen, aber wenn jemand Stress hat oder mit einer unangenehmen Frage konfrontiert wird, sieht man dieses Verhalten in direkter Folge.

Manchmal kann man auch beobachten, wie sich der Hals einer Person, der es an Selbstsicherheit mangelt oder die sich Sorgen macht, plötzlich zu verkürzen scheint. Dieses Verhalten fiel mir oft im Rahmen von Verhören auf, und so war ich immer dann besonders aufmerksam, wenn der Befragte seine Schultern zu den Ohren zog, sodass sein Hals scheinbar verschwand – ein Phänomen, das ich seither als »Schildkröteneffekt« bezeichne. Dies ist ein sehr guter Hinweis auf Stress, Nervosität, mangelndes Selbstvertrauen oder Besorgnis. Man sieht dieses Verhalten besonders häufig bei Menschen, die eine täuschende Absicht verfolgen – während sie eine Unwahrheit äußern, heben sie unbewusst ihre Schultern in Richtung der Ohren, wodurch der Hals kürzer erscheint.

In Beziehungen ist der Hals wie ein Leuchtturm, der uns vor Gefahren warnt und signalisiert, dass sich die betreffende Person in einem inneren Spannungszustand befindet. Dieses Wissen ermöglicht es uns, Probleme anzusprechen, zu vermeiden oder schnell zu reagieren und entsprechend Mitgefühl zu zeigen. Ich beobachte Menschen und ihre Körpersprache nun schon seit vielen Jahren und kann guten Gewissens sagen, dass das Berühren des Halses zu den am häufigsten ignorierten Verhaltensweisen zählt. Dennoch weist es sehr zuverlässig darauf hin, dass etwas einer Person unbewusst Unbehagen verursacht.

VENTRALES ZU- UND ABWENDEN

2007 führte ich die Begriffe ventrales Zu- und Abwenden in die Fachliteratur ein (*Menschen lesen*), um ein Phänomen zu erklären, das ich schon überall auf der Welt beobachtet hatte und das ein subtiles Zeichen für Unbehagen einer anderen Person gegenüber ist. Wir alle kennen die Äußerung »Dreh mir nicht den Rücken zu!«, die sowohl im übertragenen Sinn als auch wortwörtlich gemeint sein kann. Wir haben dieses Verhalten deshalb in der entsprechenden Redewendung verewigt, weil es universell ist und selbst bei Kleinkindern vorkommt; es ist eine Form von Distanzverhalten, mit dem wir zu verstehen geben: Ich mag nicht, was du sagst, wer du bist oder wofür du stehst.

In grauer Vorzeit hat der *Homo sapiens* seinen Artgenossen durch das Präsentieren seiner ventralen Seite (des Bauchs) signalisiert, dass er keine bösen Absichten hatte. Wir behalten dieses Verhalten all jenen vor, denen wir vertrauen und um die wir uns sorgen, weshalb wir es oft bei Säuglingen sehen, verliebten Paaren und sogar Hunden, die sich den Bauch kraulen lassen wollen. So zeigen wir anderen, dass wir in ihrer Gegenwart entspannt sind, uns wohlfühlen und sie uns wichtig sind. Weil der Bauch eine unserer empfindlichsten Körperstellen ist, zeigen wir ihn nur, wenn wir uns sicher fühlen.

Sobald wir uns jedoch in der Gegenwart einer anderen Person unwohl fühlen, wenden wir uns ventral ab – als limbischer Abwehrmechanismus und Ausdruck unserer wahren Gefühle. Während eines Gesprächs spiegeln sich unsere Empfindungen und Gedanken in unseren sich ständig ändernden, nonverbalen Verhaltensweisen wider. Wenn wir in einem Augenblick etwas Negatives hören und im nächsten etwas Positives, macht sich das in unserer Körpersprache bemerkbar: Je nachdem, wie wir zu dem Gesagten stehen, wenden wir uns ventral zu oder ab.

Vielen Menschen entgeht dieses durchaus signifikante Verhalten. Beobachten Sie nur einmal eine Frau, die sich in der Anwesenheit ihres Begleiters unwohl fühlt. Sie wird sich sofort leicht wegdrehen (ventrales Abwenden), ihre Handtasche ergreifen, sie auf den Schoß legen und nur wenig Blinkkontakt suchen, dabei setzt sie möglicherweise noch ihre Schulter als zusätzliches Hindernis ein. Es handelt sich dabei nicht nur um eine Distanzierungsmaßnahme, sondern auch um den Schutz unserer hochempfindlichen inneren Organe – eine evolutionsbedingte Reaktion auf alles, was uns bedrohen oder psychologisches Unbehagen verursachen könnte.

In diesem Zusammenhang ist es auch interessant, Menschen auf einer Party zu beobachten: Sobald jemand eintrifft, der nicht sonderlich beliebt oder willkommen ist, fangen die anderen Gäste in der Regel an, sich leicht wegzudrehen oder abzuwenden, indem sie ihren Körper leicht schräg halten und der Person dadurch »die kalte Schulter zeigen«.

Ventrales Abwenden ist einer der besten Hinweise dafür, dass eine Beziehung gestört ist. Wenn Partner anfangen, ihre ventrale Seite voneinander abzuwenden, stimmt etwas nicht. Ich erinnere mich an ein Foto von Prinz Charles und Prinzessin Diana, die in den letzten Monaten ihrer Ehe gemeinsam in einem Wagen saßen und sich ventral voneinander abwendeten. Das zeigt sehr deutlich, dass sie sich zu diesem Zeitpunkt nichts mehr zu sagen hatten und ihre Beziehung dem Ende entgegensteuerte. Als Sinnspruch merke ich mir in diesem Zusammenhang: »Zeig ich meinen Bauch, dann mag ich dich auch.«

MIT DER HANDFLÄCHE BERÜHREN

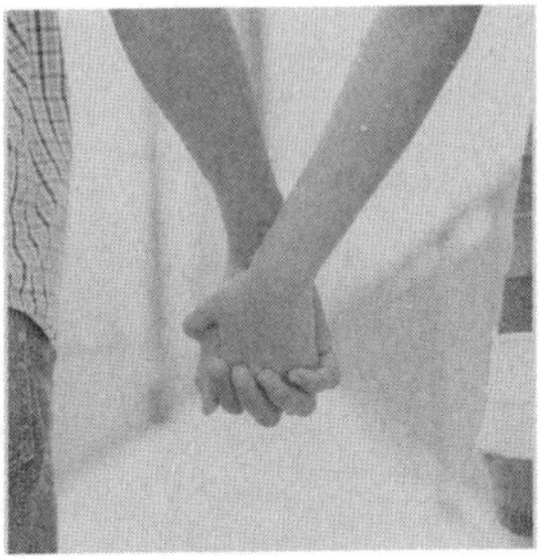

Die Hände und Finger sind in der Lage, unsere emotionale Verfassung sehr eindrucksvoll zu vermitteln. Erinnern Sie sich an die Szene in dem Film *Ghost*, als Patrick Swayze die Hände von Demi Moore umfasst, als sie an der Töpferscheibe arbeitet? Berührungen sind wichtig, und die Art und Weise, wie wir uns berühren, spielt in Beziehungen eine nicht zu unterschätzende Rolle.

Wir lernen von der Geburt an, wie wichtig Berührungen sind. Wenn eine Mutter ihr Kind streichelt, verwendet sie die ganze Handfläche, die warm, entspannt und gut durchblutet ist. Diese »satte« Berührung beruhigt das Baby und stärkt die Mutter-Kind-Bindung. Normalerweise reagiert das Kind, indem es seine Mutter ebenfalls zu berühren versucht. Bei beiden löst dieses gegenseitige Anfassen eine Kaskade von Botenstoffen aus; unter anderem wird das Hormon Oxytocin freigesetzt, das dazu dient, die Bindung zu festigen. Oxytocin, das der Körper normalerweise bei Berührungen oder Liebkosungen produziert, hilft auch dabei, die Beziehung zwischen Erwachsenen zu festigen.

Der Akt des Berührens ist einerseits eine hochwirksame Beruhigungsgeste. Deshalb wenden wir sie bei anderen (weinenden Kindern) und uns selbst an (Haare kämmen oder glatt streichen, Hände reiben, Nase, Stirn und Hals bzw. Nacken massieren). Aber sie ist eben auch eine effektive Art mitzuteilen, dass man viel für den anderen empfindet und sich um ihn sorgt. Berührungen spenden so viel Kraft und Trost, dass sie für eine gute körperliche und seelische Gesundheit unerlässlich sind.

In Beziehungen sind Berührungen als Ausdrucksmittel sehr wichtig, vor allem wenn man Behagen und Unbehagen kundtun will, die man im Augenblick wahrnimmt. Wenn wir jemanden berühren, der uns wichtig ist, setzen wir ganz automatisch die ganze Handfläche ein. Die Hände sind dabei entspannt und warm, die Finger gespreizt; unsere Berührung zeigt, wie wir uns fühlen. Doch auch die Frequenz, Dauer und Intensität der Berührung liefern wertvolle Hinweise.

Wenn Paare Zuneigung füreinander empfinden, berühren sie Gesicht, Hals, Schultern, Rumpf, Arme und natürlich auch die Hände ihres Partners mit der beruhigenden, ganzen Handfläche. Wir können sie selbst durch Kleidung hindurch spüren. Und dennoch können Hände täuschen, weil wir oft den Unterschied zwischen der Berührung mit der ganzen Handfläche und distanzierteren Varianten nicht erkennen, die uns warnen können, dass etwas nicht stimmt.

Wenn es Probleme in einer Beziehung gibt oder keine tiefere emotionale Bindung besteht, neigen wir dazu, den anderen nur mit den Fingerspitzen oder sehr flüchtig zu berühren. Auf diese sogenannte distale Berührung greift unser Unterbewusstsein zurück, wenn wir jemanden anfassen, den wir eigentlich nicht – oder nicht mehr – mögen. Wenn Sie oder Ihr Partner sich weniger oder nur noch mit den Fingerspitzen berühren, haben Sie sich emotional entfremdet. Mit der Zeit wird sich diese Distanz möglicherweise noch vergrößern, und wenn nicht rechtzeitig Gegenmaßnahmen ergriffen werden, kann das negative Konsequenzen haben. Diese Verhaltensweisen zeigen uns, dass sich unser Gegenüber entzieht, und zwar nicht nur körperlich, sondern auch emotional. Darum geht es übrigens auch in dem bekannten Oldie von den Righteous Brothers »Lost that Loving Feeling« – der gespickt ist mit genauen Beobachtungen, wie unser Körper auf etwas reagiert, das uns nichts mehr bedeutet und gleichgültig geworden ist.

BERUHIGUNGSGESTE MIT VERSCHRÄNKTEN FINGERN

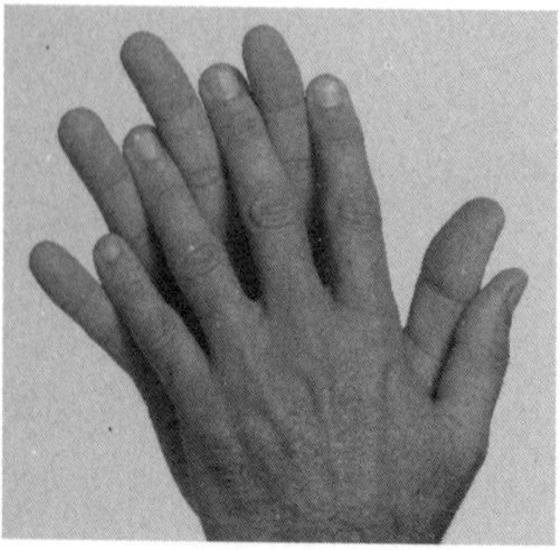

Unsere Hände arbeiten den ganzen Tag für uns. Sie kämmen unsere Haare, tragen Make-up auf, kratzen die juckende Nase, putzen die Schuhe und beruhigen uns bei Stress, indem sie unsere Haut sanft berühren. Als Kleinkinder haben wir am Daumen gelutscht, im Erwachsenenalter greift das Gehirn auf andere Beruhigungsstrategien zurück.

Wenn wir angespannt sind, neigen wir dazu, unsere Handflächen und Finger aneinanderzureiben. Bei großem Stress verschränken wir die Hände und kneten sie förmlich durch – ich bin mir sicher, Sie haben dieses Verhalten schon bei Menschen beobachtet, die auf eine schlechte Nachricht gewartet haben. Wenn wir höchste seelische Not leiden, verschränken wir sogar noch zusätzlich die gestreckten Finger ineinander und reiben die Hände wie auf dem obigen Foto. Dieses Verhalten ist so einzigartig, dass unser

Gehirn es jenen Situationen vorbehält, in denen die Dinge wirklich schlecht stehen – emotional gesehen. Das ist vermutlich einer der zuverlässigsten Indikatoren für ein Problem, das uns massiv beunruhigt.

Ich habe dieses Verhalten schon recht häufig gesehen, vor allem bei Menschen, die ihr Unbehagen auf unbewusste Art äußern, weil sie ihre Bedenken oder Ängste nicht in Worte fassen können oder wollen. Besonders häufig sieht man es, wenn jemand bei einer Täuschung bzw. Lüge ertappt wird oder keine plausible Erklärung dafür hat, warum er zu spät gekommen ist oder seine Pflicht nicht erfüllt hat.

Man nimmt an, dass durch das Verschränken der Finger das Gehirn zusätzliche sensorische Reize von der Oberfläche der Finger erhält, die den beruhigenden Effekt vergrößern. Wenn Sie sehen, dass sich eine nahestehende Person auf diese Weise verhält, sobald ein bestimmtes Thema zur Sprache kommt, können Sie sich sicher sein, dass ein ernstes Problem vorliegt, auch wenn andere Körperteile vielleicht nicht darauf hindeuten.

Heikle Themen wie eine Entlassung oder ein Verkehrsunfall sind emotional schwer zu verarbeiten, und deshalb sieht man in solchen Situationen die verschränkten Finger oft. Wenn Ihnen dieses Verhalten zum Beispiel an Ihrem Partner auffällt, können Sie die Gelegenheit nutzen, um Ihr Mitgefühl auszudrücken und zu zeigen, dass Sie zur Kenntnis genommen haben, dass ihn etwas belastet.

DIE FÜSSE

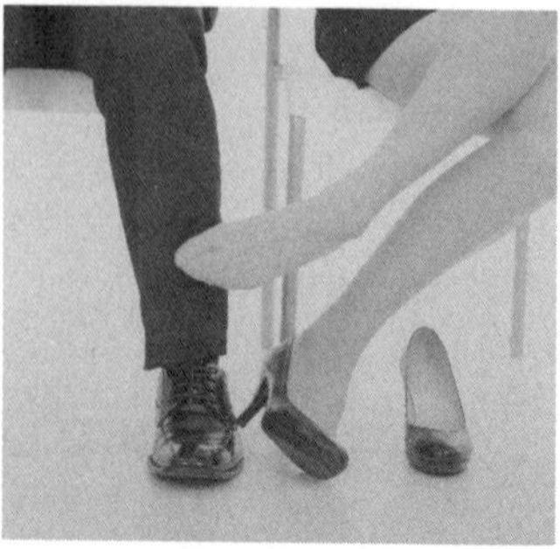

Wer hätte gedacht, dass sogar Füße zur Sprache kommen, wenn wir über Verabredungen und Beziehungen reden? Das liegt daran, dass die Füße der ehrlichste Teil des Körpers sind. Sie haben richtig gelesen: Es sind die Füße und nicht die Hände, das Gesicht – und schon gar nicht das, was man sagt. Die Füße spiegeln sehr genau die Gedanken, Wünsche, Ängste und Absichten eines Menschen wider, und zwar absolut unmittelbar und ohne zeitliche Verzögerung.

Jemand, der sich an einer Dachkante entlang fortbewegt, wird keinesfalls rennen. Aufgrund des angeborenen Überlebenstriebs zwingt das Gehirn die Füße dazu, sich dem Abgrund vorsichtig zu nähern, um nicht abzustürzen. Die Füße sind nämlich dafür verantwortlich, Sie am Leben zu halten, und wenn Sie ein gefährliches Tier sehen oder auch nur jemanden, den Sie nicht leiden können, zwingt Ihr Gehirn die Füße unbewusst dazu, sich entweder ganz vorsichtig zu entfernen, an Ort und Stelle zu verharren oder schnell wegzulaufen, und zwar ohne dass Sie auch nur eine Sekunde lang darüber nachdenken müssen.

Mit den Füßen wahren Sie nicht nur die Individualdistanz, indem Sie beispielsweise automatisch Abstand zur Person halten, die vor Ihnen am Geldautomaten steht; Sie distanzieren sich auch von Dingen und Mitmenschen, die Sie nicht mögen. Wenn jemand, der Ihnen unsympathisch ist, den Raum betritt, werden sich Ihre Füße sofort von dieser Person wegdrehen, etwa in die Richtung der nächstgelegenen Tür, oder sie werden sich sogar eigenständig in eine andere Richtung bewegen. Wie so viele unserer Verhaltensweisen dient dieses Distanzieren dem Selbstschutz. Wenn das limbische Gehirn etwas Negatives oder Bedrohliches wahrnimmt, dann gibt es den Füßen unverzüglich das Kommando, sich wegzubewegen und Abstand zu halten.

In ähnlicher Weise schränkt unser limbisches Gehirn auch unsere Beine ein, wenn wir bedroht werden, uns unsicher fühlen oder unter Stress stehen. Aber hauptsächlich zeigen unsere Füße sehr zuverlässig, was wir von einer bestimmten Situation halten. Sie drücken sehr unmittelbar Freude und Zufriedenheit aus, aber ebenso auch Zögern und Unsicherheit. An den Füßen kann man also sehr gut erkennen, ob sich die Person behaglich oder unbehaglich fühlt.

Behagen anderen Menschen gegenüber drücken unsere Füße aus, indem wir Nähe zulassen und sogar eine Berührung gestatten. Wenn uns eine Person wichtig ist, nähern sich unsere Füße ihr bereitwillig. Paare verschränken ihre Füße oft und füßeln dabei unter dem Tisch. In dem Augenblick jedoch, in dem sich unsere Gefühle ändern, ziehen sich die Füße sofort zurück. In meinen Studien habe ich festgestellt, dass Paare mit ihren Füßen auf Distanz gehen, wenn sie sich voneinander entfremden. Sie berühren sich insgesamt weniger, unter dem Tisch – und erst recht im Bett.

Eine Frau, die zum Beispiel an einem Bartresen ihren Schuh spielerisch von der Ferse gleiten lässt, zeigt, dass sie sich in der Anwesenheit ihres männlichen Begleiters sehr wohlfühlt. Sollte sich ihre Einstellung ändern, zieht sie den Schuh blitzschnell wieder an, ihre Füße hören auf zu wippen oder drehen sich von ihm weg.

Ich fand mich schon in Situationen wieder, in denen ich annahm, ein Paar habe Beziehungsprobleme, weil es sich anschwieg. Als ich aber unter den Tisch sah und bemerkte, wie sich ihre Füße berührten, revidierte ich meine Meinung. In harmonischen Paarbeziehungen berühren sich die Füße der Partner. Dies gilt als angenehme Erfahrung, weshalb das limbische Gehirn es zulässt.

Wenn Sie also das nächste Mal wissen wollen, wie es um eine Beziehung bestellt ist, müssen Sie weder die Beteiligten fragen noch auf lächelnde Gesichter warten; sehen Sie nur auf die Füße. Wenn sich die Füße des Paares berühren und dieser Kontakt auf Gegenseitigkeit beruht, ist alles in bester Ordnung.

ABSCHLIESSENDE GEDANKEN

Wie es mein Freund Dr. David Givens in seinem Buch *Körpersprache der Liebe* (das ich im Übrigen wärmstens empfehle) so treffend formuliert: Menschen, die nonverbales Verhalten lesen und deuten können, haben voraussichtlich mehr Erfolg im Leben, vor allem in Beziehungen. Ich pflichte dieser Behauptung bei und füge noch hinzu, dass das Wissen um Körpersprache und nonverbale Kommunikation unterschiedlichste Hindernisse überwinden, soziale Interaktionen verbessern und sogar Paarbindungen langfristig stärken kann. Ich habe mich mit dem vorliegenden Büchlein bemüht, Ihnen die wichtigsten der weniger bekannten Verhaltensweisen vorzustellen, die bei Dates und in Beziehungen eine Rolle spielen, um Ihnen damit einige Anhaltspunkte für die praktische Anwendung zu geben. Ich hoffe, diese Informationen helfen Ihnen dabei, Ihre Lieben besser zu verstehen und auf sie einzugehen, sodass Sie erfolgreicher und glücklicher werden. Wenn Sie mehr über Körpersprache erfahren wollen, empfehle ich als weiterführende Literatur meinen Ratgeber *Menschen lesen*.

BIBLIOGRAFIE

Becker, G. de (1999). *Mut zur Angst*. Fischer Krüger.

Burgoon, J. K., D. B. Buller und W. G. Woodall (1994). *Nonverbal communication: the unspoken dialogue*. Greyden Press.

Cialdini, R. B. (2014). Die Psychologie des Überzeugens. Wie Sie sich selbst und Ihren Mitmenschen auf die Schliche kommen. 7. Aufl., Verlag Hans Huber.

Collett, P. (2010). *Ich sehe was, was du nicht sagst*. Bastei Lübbe.

Dimitrius, J., und M. Mazzarela (1998). *Der erste Blick. Anleitung zur Menschenkenntnis*. Econ.

Ekman, P. (2010). *Gefühle lesen. Wie Sie Emotionen erkennen und richtig interpretieren*. Spektrum Akademischer Verlag.

Ekman, P. (2011). *Ich weiß, dass du lügst. Was Gesichter verraten*. Rororo.

Ford, C. V. (1996). *Lies!, Lies!, Lies!: The psychology of deceit*. American Psychiatric Press. Inc.

Givens, D. G. (2006). *Körpersprache der Liebe*. Goldmann.

Goleman, D. (1997). *EQ. Emotionale Intelligenz*. dtv.

Gottman, J.M., et. al., (2001). »Facial expressions during marital conflict«, *Journal of Family Communication*, 1: 37-57.

Knapp, M. L., und J. A. Hall (2002). *Nonverbal Communication in Human Interaction,* 5. Aufl. Harcourt Brace Jovanovich.

Leakey, R. E., und R. Lewin (1993). *Der Ursprung des Menschen*. Fischer.

LeDoux, J. (2001). *Das Netz der Gefühle. Wie Emotionen entstehen*. dtv.

Lieberman, D. J. (2001). *Macht macht Spaß*. Goldmann.

Morris, D. (1996). *Körpersignale. Bodywatching.* Heyne.

Navarro, J. (2003). A four domain model of detecting deception. *FBI Law Enforcement Bulletin* (June): 19-24.

Navarro, J. (2006). *Read 'em and reap: a career FBI agent's guide to decoding poker tells.* HarperCollins.

Navarro, J. (2010). *Menschen lesen, Ein FBI-Agent erklärt, wie man Körpersprache entschlüsselt*. mvg.

Navarro, J., und J. R. Schafer (2001). Detecting deception. *FBI Law Enforcement Bulletin* (Juli): 9-13.

Schafer, J. R., und J. Navarro (2004). *Advanced interviewing techniques*. Charles C. Thomas Publisher.

Vrij, A. (2003). *Detecting lies and deceit: the psychology of lying and the implications for professional practice*. John Wiley & Sons, Ltd.

ÜBER DEN AUTOR

Joe Navarro war über 25 Jahre lang als Special Agent des FBI tätig und befasste sich schwerpunktmäßig mit Verhaltensanalyse und Spionage. 2003 beendete er seine Laufbahn als Bundesbeamter und stieg zu einem der international führenden Experten für nonverbale Kommunikation auf. Heute vermittelt er sein einzigartiges Wissen über menschliches Verhalten als weltweit aktiver Referent und Berater von Großkonzernen und Finanzunternehmen.

Joe ist schon seit mehreren Jahren in allen größeren US-amerikanischen und internationalen Medien präsent, unter anderem bei CNN und CNN International, Fox News, CBS, NBC, NPR Radio, in der *Times* (GB) und dem *Guardian* (GB), und äußerte sich dort zu so vielfältigen Themen wie Vorstellungsgesprächen, Managementstrategien und Körpersprache.

Fachleute beschreiben ihn als »erstklassigen Beobachter« (Jack Canfield) und »Meister der nonverbalen Sprache« (David Givens). Sein 2011 erschienenes Buch *Menschen verstehen und lenken* befasst sich speziell mit der Berufswelt und wurde vom FINS Digital Network des *Wall Street Journal* als »eines der sechs besten Karrierebücher des Jahres 2010« bezeichnet.

In seinem 2014 erschienenen Buch *Die Psychopathen unter uns* beschäftigt Joe sich mit den Psychopathen des Alltags und der Frage, wie wir diesen begegnen können.

Joe ist außerdem der Autor von *Menschen lesen* (2010), einem internationalen Bestseller über Körpersprache. Über seine Webseite *www.jnforensics. com* kann man darüber hinaus einen Onlinekurs belegen, der in die hohe Kunst einführt, Menschen schnell und präzise zu lesen.

BÜCHER VON JOE NAVARRO

Menschen lesen. Ein FBI-Agent erklärt, wie man Körpersprache entschlüsselt (2010)

Menschen verstehen und lenken. Ein FBI-Agent erklärt, wie man Körpersprache für den persönlichen Erfolg nutzt (2011)

Der kleine Lügendetektor. Ein praktisches Handbuch (2013)

Die Psychopathen unter uns. Der FBI-Agent erklärt, wie Sie gefährliche Menschen im Alltag erkennen und sich vor ihnen schützen (2014)